H

M

J

I

K

Die Illustratorin dankt Stefan Seelig
für seine Mitarbeit.

Bibliografische Information der Deutschen Nationalbibliothek
Die Deutsche Nationalbibliothek verzeichnet diese Publikation in
der Deutschen Nationalbibliografie; detaillierte bibliografische
Daten sind im Internet über http://dnb.ddb.de abrufbar.

Das Wort BROCKHAUS ist für den Verlag
Bibliographisches Institut & F.A.Brockhaus AG
als Marke geschützt.

Alle Rechte vorbehalten.
Nachdruck, auch auszugsweise, nicht gestattet.
© Bibliographisches Institut & F.A. Brockhaus AG, Mannheim
2005, 2009   F E D

Redaktionelle Leitung: Nina Schiefelbein
Lektorat: Anja Fischer
Fachliche Beratung: Erika Gschwendtner,
Kindertagesstätte Traum Schloss
Herstellung: Claudia Rönsch
Umschlaggestaltung: Mischa Acker
Typographie und Satz: Silke Nalbach
Printed in Malaysia

Standardausgabe:
ISBN 978-3-7653-1547-3

Jubiläumsausgabe:
ISBN 978-3-7653-1567-1

Mein erster
BROCKHAUS

7., aktualisierte Auflage

Illustriert von Renate Seelig

F. A. BROCKHAUS
Mannheim · Leipzig

Für erste Entdeckungsreisen

»Mein erster Brockhaus« vermittelt Wissen, Sach- und Sprachverständnis an die Kleinsten. Generationen von Kindern sind bereits mit diesem bunten Bilder-Abc aufgewachsen und in vielen Familien wurde es zum ersten Lieblingsbuch.

»Mein erster Brockhaus« lädt Kinder und ihre Eltern dazu ein, Bilder gemeinsam zu betrachten, Neues zu entdecken und Vertrautes wiederzuerkennen. Mit diesem ersten Lexikon lernen die Kinder ihre Umwelt zu verstehen und Zusammenhänge eigenständig zu erfassen. Der klare Aufbau sorgt dafür, dass sich das Kind in der Themenvielfalt zurechtfindet. Die alphabetische Anordnung der Begriffe ermöglicht einen ersten spielerischen Umgang mit den Buchstaben. Alle Wörter sind sorgfältig und in enger Zusammenarbeit mit erfahrenen Pädagoginnen ausgewählt worden. Sie sind so grundlegend, dass ein Kind die meisten von ihnen bis zum Schulanfang kennen sollte. Eine komplette Wörterliste mit zugehörigen Artikeln und Mehrzahlformen im Anhang eignet sich für Kinder, die bereits lesen können, und für Nichtmuttersprachler.
Die Illustrationen der Bilderbuchkünstlerin Renate Seelig eröffnen den Blick auf das Wesentliche der Begriffe – und tragen zugleich auch immer ein Geheimnis in sich, das die Fantasie beflügelt.

Wir wünschen viel Freude mit diesem Buch!
Die Kinder-Brockhaus-Redaktion

der Adler

der Adventskranz

A

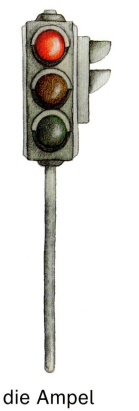

die Ameisen

die Ampel · die Amsel · der Affe

 der Apfel

 der Anker

 der Angler

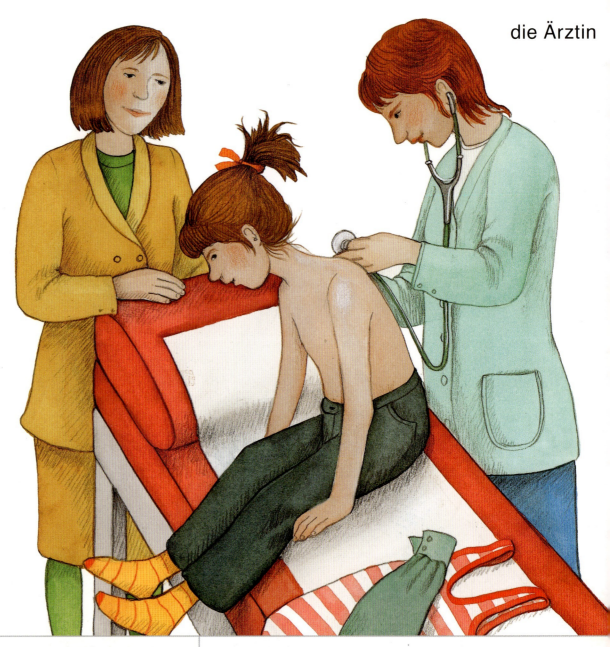 die Ärztin

 die Ananas

 das Aquarium

der Abend

der Astronaut

der Aufzug

die Axt

das Auto

der Ball

B

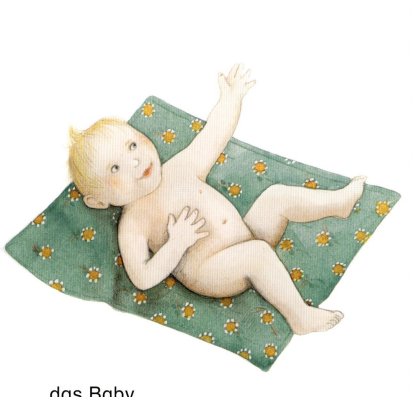
das Baby

die Bank

das Ballett

die Bäckerei

das Bad

die Banane

die Bauklötze

der Bär

der Bagger

der Bahnhof

das Bett

der Besen

der Blitz

der Baum

die Biene

der Biber

die Birne

das Blatt

die Bohnen

der Blumentopf

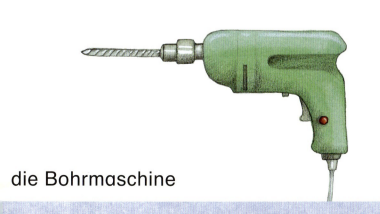

die Bohrmaschine

der Blumenstrauß

die Briefmarke
der Brief

der Briefträger

das Brett

der Briefkasten

das Boot

die Brennnessel

die Brille

die Brombeeren

das Brot

die Brücke

die Brötchen

das Buch

der Buchfink

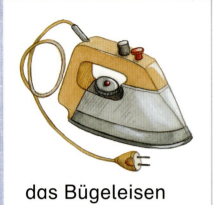

das Bügeleisen

die Butter

der Bus

die Bushaltestelle

das Büro

die Butterblume

die Burg
der Berg

C

die Creme

der Cowboy

der Campingplatz

das Chamäleon

der Computer

der Clown

der Chor

D

die Dose

der Delfin

die Distel

das Dach

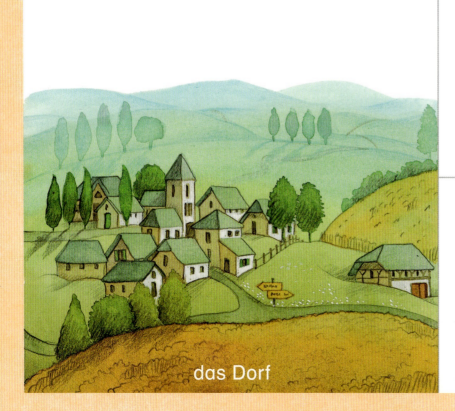
das Dorf

das Dreirad

der Dachs

der Drache

das Dreieck

der Drachen

der Dinosaurier

E

die Edelsteine

der Eisbär

der Efeu

das Eichhörnchen

das Ei

die Eidechse

die Elster

die Eichel

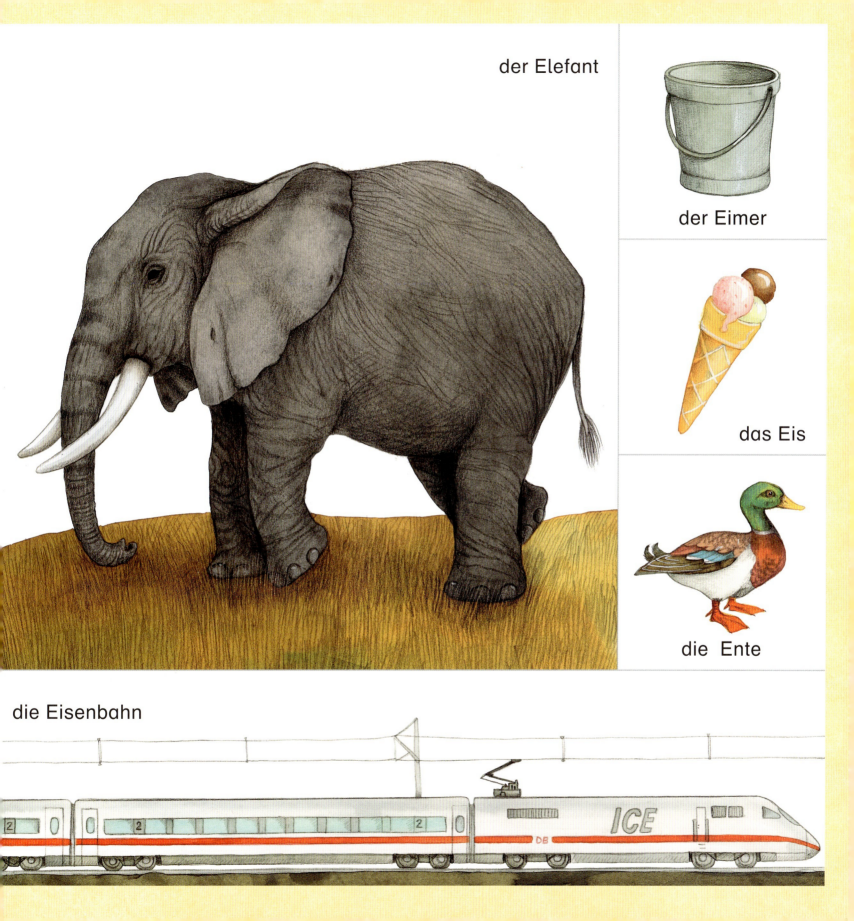

der Elefant

der Eimer

das Eis

die Ente

die Eisenbahn

die Erde

die Erdbeeren

die Erbsen

die Erdnüsse

der Esel

das Essen

die Eule

die Ernte

das Fass

das Fahrrad

F

die Familie

die Fahne

die Feder

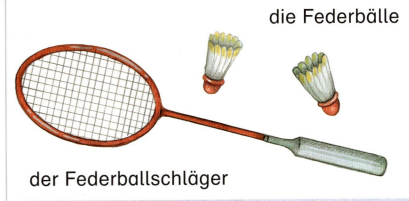
die Federbälle

der Federballschläger

die Fastnacht

das Fenster

das Fernglas

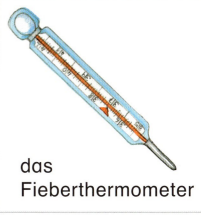
das Fieberthermometer

die Flasche

der Fernseher

der Fisch

der Flieder

die Fliege

die Flöte

der Fluss

der Fotoapparat

der Friedhof

das Feuer
die Feuerwehr

der Flughafen
die Flugzeuge

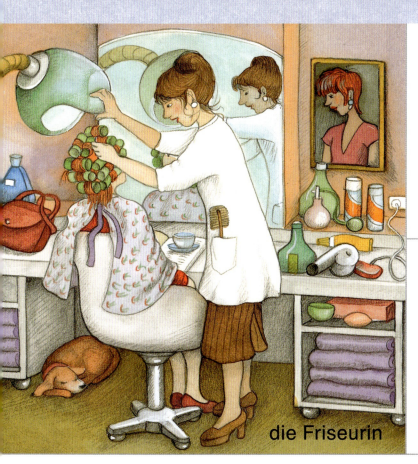

die Friseurin

der Frosch

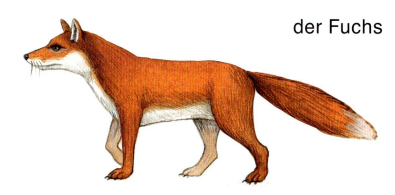

der Fuchs

das Fußballspiel

der Frühling

die Gans

die Gabel

G

die Garagen

das Gänseblümchen

das Geld

die Geige

das Geschenk

der Garten

das Getreide

die Gießkanne

das Glas

die Gitarre

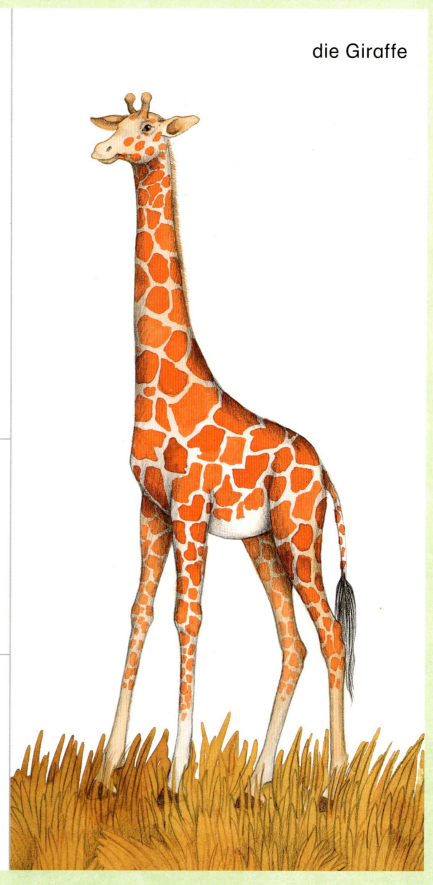
die Giraffe

die Glocke

das Glühwürmchen

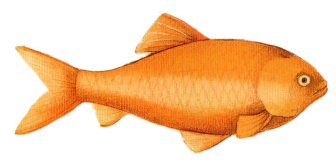
der Goldfisch

die Glockenblume

die Grille

die Glühbirne

die Gurke

der Geburtstag

H

das Haar

der Hahn
das Huhn

das Handtuch

die Hagebutten

der Hammer

der Hampelmann

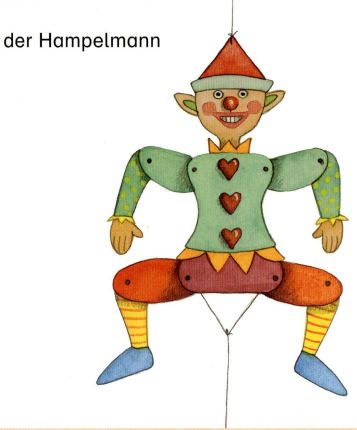

der Hase

die Haselnüsse

die Himbeere

der Hamster

die Hexe

die Handschuhe

die Heidelbeeren

die Heuschrecke

das Haus

der Hirsch

die Hochzeit

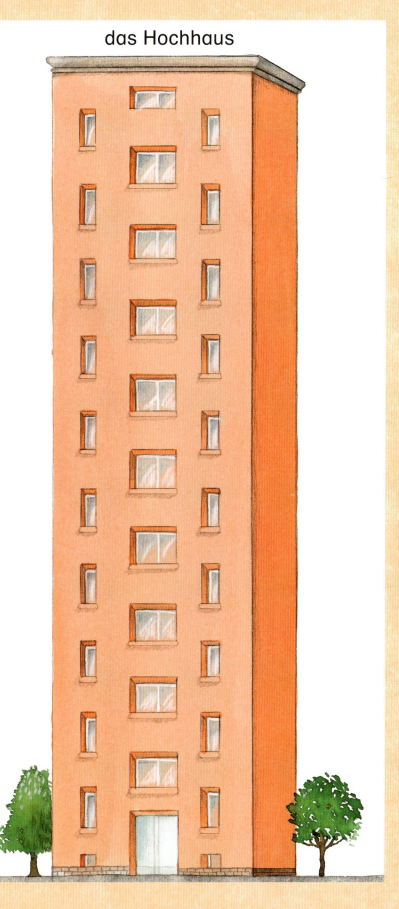
das Hochhaus

der Hubschrauber

der Hobel

das Hufeisen

die Hummel

der Hut

die Hyazinthe

I

die Iris

der Indianer

der Igel

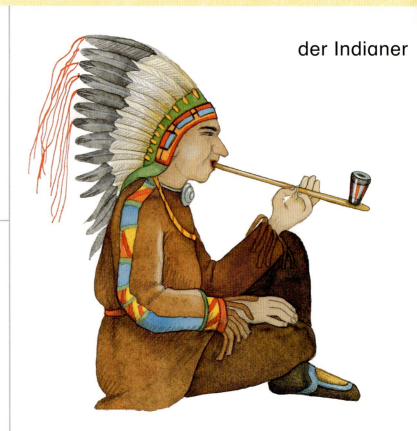

die Insel

der Jongleur

J

das Jo-Jo

die Johannisbeeren

das Judo

K

das Kaninchen

die Kamille

der Kaktus

das Kamel

das Kasperletheater

die Katze

die Kastanien

das Karussell

die Kerze

die Kette

die Kinder

der Kinderwagen

die Kirschen

das Kissen

der Kindergarten

die Kiste

die Kirche

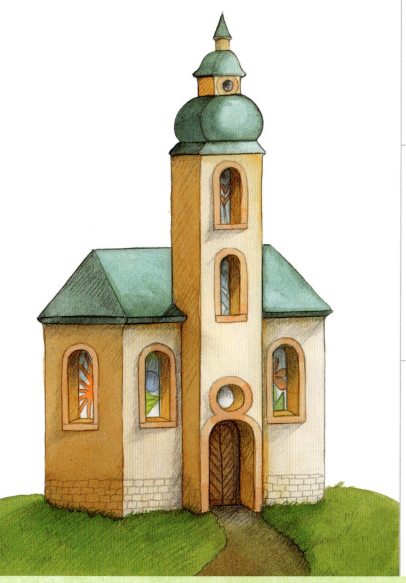

das Klavier

der Klee

der Kohl

der Koffer

die Kokosnuss

der Knoblauch

die Knochen

der Knopf

der König
die Königin

der Kran

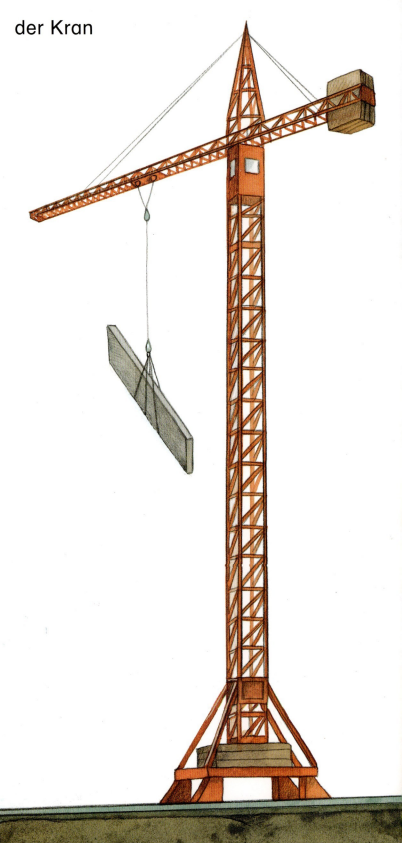

das Krankenhaus

der Krebs

der Kreis

die Kuh

das Krokodil

der Krokus

der Kuchen

die Küche
der Kühlschrank

L

der Lastwagen

die Leiter

die Laterne

der Leopard

das Luftschiff

die Lokomotive

die Lupe

der Lutscher

der Löwe

der Luftballon

die Maske

die Margerite

M

die Mandeln

das Maiglöckchen

der Mais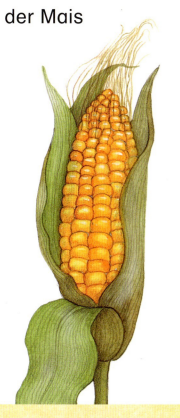

der Maler

der Maikäfer

die Marionette

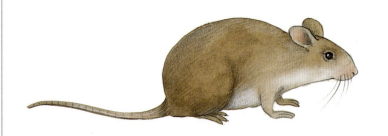
die Maus

der Maurer

der Marienkäfer

der Maulwurf

der Markt

die Melone

das Messer

der Metzger

der Mond

die Milch

die Muscheln

das Meerschweinchen

der Morgen

das Motorrad

die Mücke

die Mütze

das Müllauto

die Mülltonnen

die Nachtigall

das Nest

N

die Nadeln

die Nixe

das Nashorn

die Nägel

die Nelke

die Nacht

die Nudeln

die Nüsse

der Nussknacker

der Nikolaus

das Nilpferd

O

die Oliven

die Osterglocken

die Ohrringe

die Orange

der Opa

die Oma

die Ostereier

der Orang-Utan

die Petersilie

die Pfeife

die Pflaume

die Pilze

das Pferd

der Pfirsich

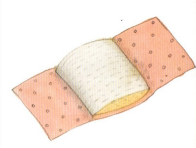

das Pflaster

der Park

die Pinguine

der Pullover

der Pudding

der Pinsel

die Polizistin

die Puppe

das Puzzle

die Pommes frites

Q

das Quadrat

die Qualle

die Quelle

der Quark

die Quitte

der Rabe

das Radieschen

R

die Rakete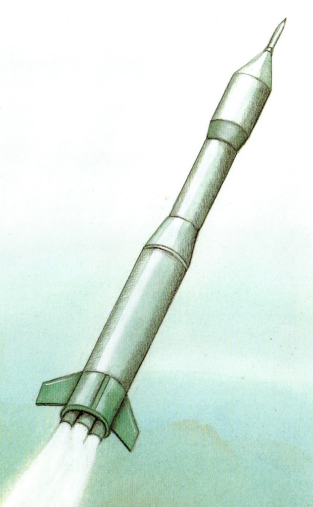

das Radio

die Raupe

der Regenschirm

das Rechteck

der Regenwurm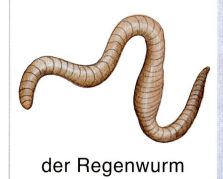

die Reiterin

der Reißverschluss

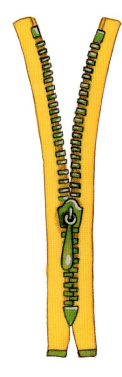

die Rehe

der Rettungswagen

der Ritter

der Riese

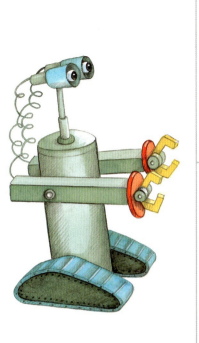
der Roboter

die Rollschuhe

der Rucksack

die Rose

der Rollstuhl

die Rutschbahn

S

der Sack

der Schal

die Schaufel

die Säge

der Salat

die Schafe

der Schäfer

die Schaukel

das Schaukelpferd

das Schiff

die Schlittschuhe

die Schildkröte

die Schere

die Schleife

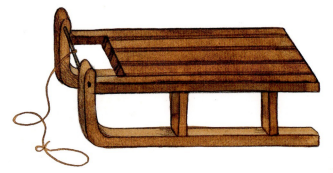
der Schlitten

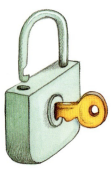
das Schloss

der Schlüssel

die Schlange

das Schloss

der Schmetterling

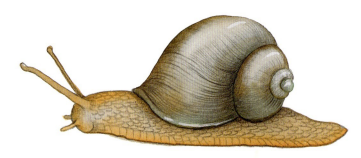

die Schnecke

die Schokolade

das Schneeglöckchen

der Schneemann

der Schnittlauch

der Schornsteinfeger
der Schornstein

die Schranke

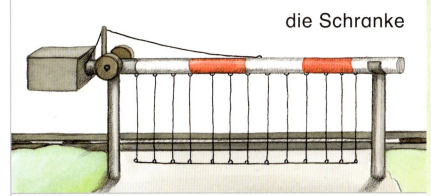

der Schrank

die Schrauben

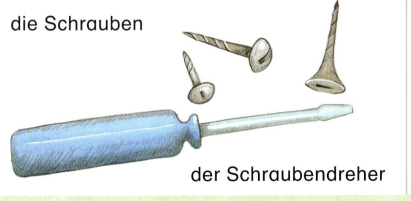

der Schraubendreher

die Schubkarre

die Schwalbe

der Schwamm

die Schüssel

der Schwan

das Schwimmbad

das Schwein

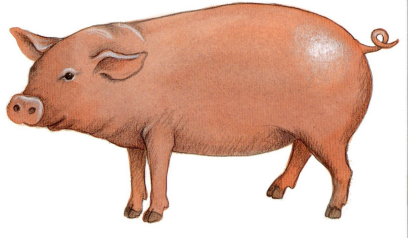

der Seestern

die Seife

die Seerose

das Seepferdchen

der Seelöwe

die Seilbahn

das Skateboard

das Sieb

die Seifenblasen

der Sessel

die Skier

das Sofa

der Sommer
die Sonnenblumen

der Spatz

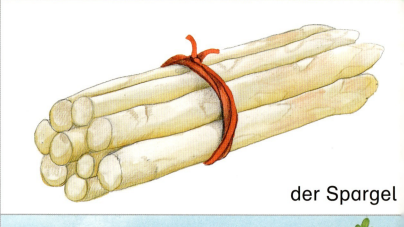
der Spargel

der Spaten

die Sparbüchse

die Spinne

der Specht

der Spiegel

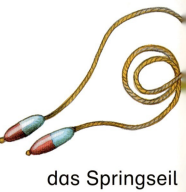
das Springseil

der Sportplatz

die Stadt

die Sonne die Stachelbeere

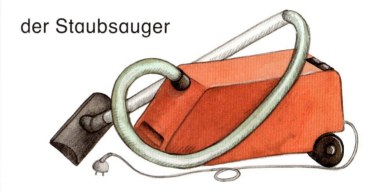
der Staubsauger

der Springbrunnen

der Spielplatz

der Star

der Stein

der Strohhalm

der Storch

das Sternbild

die Streichhölzer

das Stiefmütterchen

der Strand

die Straße

der Stuhl

die Straßenbahn

T

die Taschenlampe

das Taschenmesser

die Tasse

die Tasche

die Tankstelle

die Tanne

der Tag

die Taube 	 das Taxi	der Tennisschläger die Tennisbälle 
 das Taschentuch	 das Telefon	 die Teekanne
 der Tausendfüßler  der Teppich		 der Teddybär

der Teller

der Tisch

der Tiger

der Tintenfisch

das Tor

die Toilette

der Traktor

die Tomate

die Trauben

der Trichter

die Treppe

der Topf

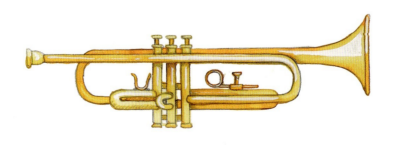
die Trompete

der Urwald

V

die Vogelscheuche

die Vase

das Vergissmeinnicht

das Verkehrsschild

das Vogelhäuschen

der Vulkan

die Waage

die Wärmflasche

W

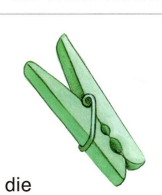
die Wäscheklammer

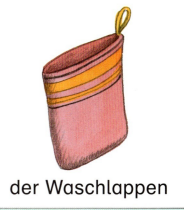
der Waschlappen

der Wal

der Wald

der Wecker

das Werkzeug

die Wespe

der Wegweiser

die Wellensittiche

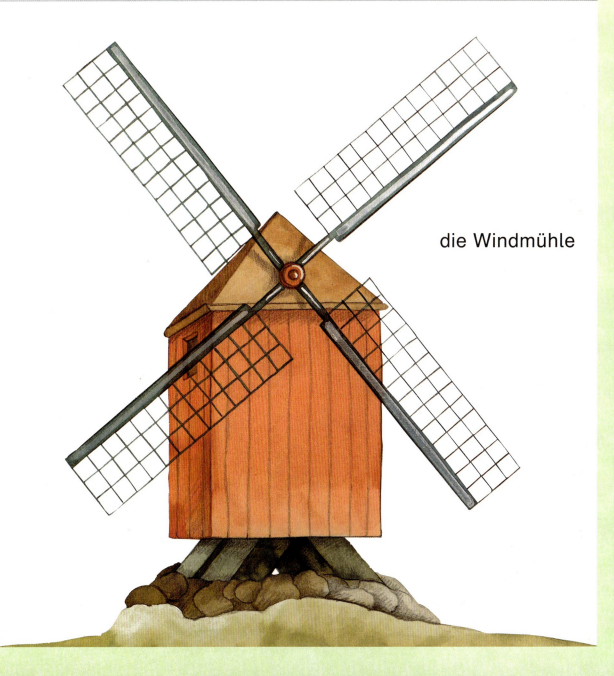
die Windmühle

das Weihnachtsfest

der Winter

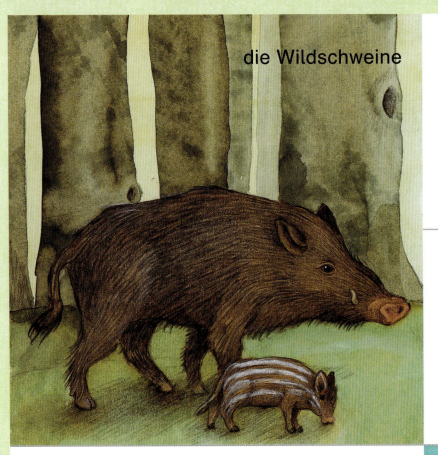

die Wildschweine

die Wurst

der Würfel

die Wolle

der Wolf

die Wolken

die Wiese

X Y Z

der Zahn

die Zahnbürste

die Zeitung

der Zaun

das Zebra

die Zange

das Zelt

die Zitrone

die Zwiebel

der Zwerg

die Ziege

die Zwillinge

der Zoo

A

der **Abend,** die Abende
der **Adler,** die Adler
der **Adventskranz,** die Adventskränze
der **Affe,** die Affen
die **Ameise,** die Ameisen
die **Ampel,** die Ampeln
die **Amsel,** die Amseln
die **Ananas,** die Ananas
der **Angler,** die Angler
die **Anglerin,** die Anglerinnen
der **Anker,** die Anker
der **Apfel,** die Äpfel
das **Aquarium,** die Aquarien
der **Arzt,** die Ärzte
die **Ärztin,** die Ärztinnen
der **Astronaut,** die Astronauten
die **Astronautin,** die Astronautinnen
der **Aufzug,** die Aufzüge
das **Auto,** die Autos
die **Axt,** die Äxte

B

das **Baby,** die Babys
die **Bäckerei,** die Bäckereien
das **Bad,** die Bäder
der **Bagger,** die Bagger
der **Bahnhof,** die Bahnhöfe
der **Ball,** die Bälle
das **Ballett**
die **Banane,** die Bananen
die **Bank,** die Bänke
der **Bär,** die Bären
der **Bauernhof,** die Bauernhöfe
der **Bauklotz,** die Bauklötze
der **Baum,** die Bäume
die **Baustelle,** die Baustellen
der **Berg,** die Berge
der **Besen,** die Besen
das **Bett,** die Betten
der **Biber,** die Biber
die **Biene,** die Bienen
die **Birne,** die Birnen
das **Blatt,** die Blätter
der **Blitz,** die Blitze
der **Blumenstrauß,** die Blumensträuße
der **Blumentopf,** die Blumentöpfe
die **Bohne,** die Bohnen
die **Bohrmaschine,** die Bohrmaschinen
das **Boot,** die Boote
die **Brennnessel,** die Brennnesseln
das **Brett,** die Bretter
der **Brief,** die Briefe
der **Briefkasten,** die Briefkästen
die **Briefmarke,** die Briefmarken
der **Briefträger,** die Briefträger
die **Briefträgerin,** die Briefträgerinnen
die **Brille,** die Brillen
die **Brombeere,** die Brombeeren
das **Brot,** die Brote
das **Brötchen,** die Brötchen
die **Brücke,** die Brücken
das **Buch,** die Bücher
der **Buchfink,** die Buchfinken
das **Bügeleisen,** die Bügeleisen
die **Burg,** die Burgen
das **Büro,** die Büros
der **Bus,** die Busse
die **Bushaltestelle,** die Bushaltestellen
die **Butter**
die **Butterblume,** die Butterblumen

C

der **Campingplatz,** die Campingplätze
das **Chamäleon,** die Chamäleons
der **Chor,** die Chöre
der **Clown,** die Clowns
der **Computer,** die Computer
der **Cowboy,** die Cowboys
die **Creme,** die Cremes

D

das **Dach,** die Dächer
der **Dachs,** die Dachse
der **Delfin,** die Delfine
der **Dinosaurier,** die Dinosaurier
die **Distel,** die Disteln
das **Dorf,** die Dörfer
die **Dose,** die Dosen
der **Drache,** die Drachen
der **Drachen,** die Drachen
das **Dreieck,** die Dreiecke
das **Dreirad,** die Dreiräder

E

der **Edelstein,** die Edelsteine
der **Efeu**
das **Ei,** die Eier
die **Eichel,** die Eicheln
das **Eichhörnchen,** die Eichhörnchen
die **Eidechse,** die Eidechsen
der **Eimer,** die Eimer
das **Eis**
der **Eisbär,** die Eisbären
die **Eisenbahn,** die Eisenbahnen
der **Elefant,** die Elefanten
die **Elster,** die Elstern
die **Ente,** die Enten
die **Erbse,** die Erbsen
die **Erdbeere,** die Erdbeeren
die **Erde**
die **Erdnuss,** die Erdnüsse
die **Ernte,** die Ernten
der **Esel,** die Esel
das **Essen,** die Essen
die **Eule,** die Eulen

F

die **Fahne,** die Fahnen
das **Fahrrad,** die Fahrräder
die **Familie,** die Familien
das **Fass,** die Fässer

die **Fastnacht**
die **Feder**, die Federn
der **Federball**, die Federbälle
der **Federballschläger**,
 die Federballschläger
das **Fenster**, die Fenster
das **Fernglas**, die Ferngläser
der **Fernseher**, die Fernseher
das **Feuer**, die Feuer
die **Feuerwehr**
das **Fieberthermometer**,
 die Fieberthermometer
der **Fisch**, die Fische
die **Flasche**, die Flaschen
der **Flieder**
die **Fliege**, die Fliegen
die **Flöte**, die Flöten
der **Flughafen**, die Flughäfen
das **Flugzeug**, die Flugzeuge
der **Fluss**, die Flüsse
der **Fotoapparat**, die Fotoapparate
der **Friedhof**, die Friedhöfe
der **Friseur**, die Friseure
die **Friseurin**, die Friseurinnen
der **Frosch**, die Frösche
der **Frühling**
der **Fuchs**, die Füchse
das **Fußballspiel**, die Fußballspiele

G

die **Gabel**, die Gabeln
die **Gans**, die Gänse
das **Gänseblümchen**,
 die Gänseblümchen
die **Garage**, die Garagen
der **Garten**, die Gärten
der **Geburtstag**, die Geburtstage
die **Geige**, die Geigen
das **Geld**
das **Geschenk**, die Geschenke
das **Getreide**

die **Gießkanne**, die Gießkannen
die **Giraffe**, die Giraffen
die **Gitarre**, die Gitarren
das **Glas**, die Gläser
die **Glocke**, die Glocken
die **Glockenblume**, die Glockenblumen
die **Glühbirne**, die Glühbirnen
das **Glühwürmchen**, die Glühwürmchen
der **Goldfisch**, die Goldfische
die **Grille**, die Grillen
die **Gurke**, die Gurken

H

das **Haar**, die Haare
der **Hafen**, die Häfen
die **Hagebutte**, die Hagebutten
der **Hahn**, die Hähne
der **Hammer**, die Hämmer
der **Hampelmann**, die Hampelmänner
der **Hamster**, die Hamster
der **Handschuh**, die Handschuhe
das **Handtuch**, die Handtücher
der **Hase**, die Hasen
die **Haselnuss**, die Haselnüsse
das **Haus**, die Häuser
die **Heidelbeere**, die Heidelbeeren
der **Herbst**
die **Heuschrecke**, die Heuschrecken
die **Hexe**, die Hexen
die **Himbeere**, die Himbeeren
der **Hirsch**, die Hirsche
der **Hobel**, die Hobel
das **Hochhaus**, die Hochhäuser
die **Hochzeit**, die Hochzeiten
der **Hubschrauber**, die Hubschrauber
das **Hufeisen**, die Hufeisen
das **Huhn**, die Hühner
die **Hummel**, die Hummeln
der **Hund**, die Hunde
der **Hut**, die Hüte
die **Hyazinthe**, die Hyazinthen

I

der **Igel**, die Igel
der **Indianer**, die Indianer
die **Insel**, die Inseln
die **Iris**, die Iris

J

die **Johannisbeere**,
 die Johannisbeeren
das **Jo-Jo**, die Jo-Jos
der **Jongleur**, die Jongleure
die **Jongleurin**, die Jongleurinnen
das **Judo**

K

der **Kaktus**,
 die Kakteen
das **Kamel**, die Kamele
die **Kamille**, die Kamillen
der **Kamm**, die Kämme
der **Kanarienvogel**, die Kanarienvögel
das **Känguru**, die Kängurus
das **Kaninchen**, die Kaninchen
die **Karotte**, die Karotten
die **Kartoffel**, die Kartoffeln
das **Karussell**, die Karussells
der **Käse**, die Käse
das **Kasperletheater**,
 die Kasperletheater
die **Kasse**, die Kassen
die **Kastanie**, die Kastanien
die **Katze**, die Katzen
die **Kerze**, die Kerzen
die **Kette**, die Ketten
das **Kind**, die Kinder
der **Kindergarten**, die Kindergärten
der **Kinderwagen**, die Kinderwagen
die **Kirche**, die Kirchen
die **Kirsche**, die Kirschen

das **Kissen,** die Kissen
die **Kiste,** die Kisten
das **Klavier,** die Klaviere
der **Klee**
der **Knoblauch**
der **Knochen,** die Knochen
der **Knopf,** die Knöpfe
der **Koffer,** die Koffer
der **Kohl**
die **Kokosnuss,** die Kokosnüsse
der **König,** die Könige
die **Königin,** die Königinnen
der **Kran,** die Kräne
das **Krankenhaus,** die Krankenhäuser
der **Krebs,** die Krebse
der **Kreis,** die Kreise
das **Krokodil,** die Krokodile
der **Krokus,** die Krokusse
die **Küche,** die Küchen
der **Kuchen,** die Kuchen
die **Kuh,** die Kühe
der **Kühlschrank,** die Kühlschränke

L

der **Lastwagen,** die Lastwagen
die **Laterne,** die Laternen
die **Leiter,** die Leitern
der **Leopard,** die Leoparden
der **Leuchtturm,** die Leuchttürme
die **Libelle,** die Libellen
die **Lilie,** die Lilien
der **Löffel,** die Löffel
die **Lokomotive,** die Lokomotiven
der **Löwe,** die Löwen
der **Löwenzahn**
der **Luftballon,** die Luftballons
das **Luftschiff,** die Luftschiffe
die **Lupe,** die Lupen
der **Lutscher,** die Lutscher

M

das **Maiglöckchen,**
    die Maiglöckchen
der **Maikäfer,** die Maikäfer
der **Mais**
der **Maler,** die Maler
die **Malerin,** die Malerinnen
die **Mandel,** die Mandeln
die **Margerite,** die Margeriten
der **Marienkäfer,** die Marienkäfer
die **Marionette,** die Marionetten
der **Markt,** die Märkte
die **Maske,** die Masken
der **Maulwurf,** die Maulwürfe
der **Maurer,** die Maurer
die **Maurerin,** die Maurerinnen
die **Maus,** die Mäuse
das **Meerschweinchen,**
    die Meerschweinchen
die **Melone,** die Melonen
das **Messer,** die Messer
der **Metzger,** die Metzger
die **Milch**
der **Mond**
der **Morgen**
das **Motorrad,** die Motorräder
die **Mücke,** die Mücken
das **Müllauto,** die Müllautos
die **Mülltonne,** die Mülltonnen
die **Muschel,** die Muscheln
die **Mütze,** die Mützen

N

die **Nacht,** die Nächte
die **Nachtigall,** die Nachtigallen
die **Nadel,** die Nadeln
der **Nagel,** die Nägel
das **Nashorn,** die Nashörner
die **Nelke,** die Nelken
das **Nest,** die Nester
der **Nikolaus,** die Nikolause
das **Nilpferd,** die Nilpferde
die **Nixe,** die Nixen

die **Nudel,** die Nudeln
die **Nuss,** die Nüsse
der **Nussknacker,** die Nussknacker

O

der **Ohrring,** die Ohrringe
die **Olive,** die Oliven
die **Oma,** die Omas
der **Opa,** die Opas
die **Orange,** die Orangen
der **Orang-Utan,** die Orang-Utans
das **Osterei,** die Ostereier
die **Osterglocke,** die Osterglocken

P

das **Paket,** die Pakete
die **Palme,** die Palmen
der **Papagei,** die Papageien
die **Paprika,** die Paprikas
der **Park,** die Parks
die **Petersilie**
die **Pfanne,** die Pfannen
der **Pfannkuchen,** die Pfannkuchen
der **Pfau,** die Pfauen
die **Pfeife,** die Pfeifen
das **Pferd,** die Pferde
der **Pfirsich,** die Pfirsiche
das **Pflaster,** die Pflaster
die **Pflaume,** die Pflaumen
der **Pilz,** die Pilze
der **Pinguin,** die Pinguine
der **Pinsel,** die Pinsel
der **Polizist,** die Polizisten
die **Polizistin,** die Polizistinnen
die **Pommes frites**
die **Post**
der **Pudding,** die Puddings
der **Pullover,** die Pullover
die **Puppe,** die Puppen
das **Puzzle,** die Puzzles

Q

das **Quadrat**, die Quadrate
die **Qualle**, die Quallen
der **Quark**
die **Quelle**, die Quellen
die **Quitte**, die Quitten

R

der **Rabe**, die Raben
das **Radieschen**, die Radieschen
das **Radio**, die Radios
die **Rakete**, die Raketen
die **Raupe**, die Raupen
das **Rechteck**, die Rechtecke
der **Regen**
der **Regenbogen**, die Regenbogen
der **Regenschirm**, die Regenschirme
der **Regenwurm**, die Regenwürmer
das **Reh**, die Rehe
der **Reißverschluss**,
    die Reißverschlüsse
der **Reiter**, die Reiter
die **Reiterin**, die Reiterinnen
der **Rettungswagen**, die Rettungswagen
der **Riese**, die Riesen
der **Ritter**, die Ritter
der **Roboter**, die Roboter
der **Rollschuh**, die Rollschuhe
der **Rollstuhl**, die Rollstühle
die **Rose**, die Rosen
der **Rucksack**, die Rucksäcke
die **Rutschbahn**, die Rutschbahnen

S

der **Sack**, die Säcke
die **Säge**, die Sägen
der **Salat**, die Salate
das **Schaf**, die Schafe
der **Schäfer**, die Schäfer
die **Schäferin**, die Schäferinnen

der **Schal**, die Schals
die **Schaufel**, die Schaufeln
die **Schaukel**, die Schaukeln
das **Schaukelpferd**, die Schaukelpferde
die **Schere**, die Scheren
das **Schiff**, die Schiffe
die **Schildkröte**, die Schildkröten
die **Schlange**, die Schlangen
die **Schleife**, die Schleifen
der **Schlitten**, die Schlitten
der **Schlittschuh**, die Schlittschuhe
das **Schloss**, die Schlösser
der **Schlüssel**, die Schlüssel
der **Schmetterling**, die Schmetterlinge
die **Schnecke**, die Schnecken
das **Schneeglöckchen**,
    die Schneeglöckchen
der **Schneemann**, die Schneemänner
der **Schnittlauch**
die **Schokolade**
der **Schornstein**, die Schornsteine
der **Schornsteinfeger**,
    die Schornsteinfeger
die **Schornsteinfegerin**,
    die Schornsteinfegerinnen
der **Schrank**, die Schränke
die **Schranke**, die Schranken
die **Schraube**, die Schrauben
der **Schraubendreher**,
    die Schraubendreher
die **Schubkarre**, die Schubkarren
die **Schulklasse**, die Schulklassen
die **Schüssel**, die Schüsseln
die **Schwalbe**, die Schwalben
der **Schwamm**, die Schwämme
der **Schwan**, die Schwäne
das **Schwein**, die Schweine
das **Schwimmbad**, die Schwimmbäder
der **See**, die Seen
der **Seehund**, die Seehunde
das **Seepferdchen**, die Seepferdchen

die **Seerose**, die Seerosen
der **Seestern**, die Seesterne
das **Segelboot**, die Segelboote
die **Seife**, die Seifen
die **Seifenblase**, die Seifenblasen
die **Seilbahn**, die Seilbahnen
der **Sessel**, die Sessel
das **Sieb**, die Siebe
das **Skateboard**, die Skateboards
der **Ski**, die Skier
das **Sofa**, die Sofas
der **Sommer**, die Sommer
die **Sonne**, die Sonnen
die **Sonnenblume**, die Sonnenblumen
die **Sparbüchse**, die Sparbüchsen
der **Spargel**, die Spargel
der **Spaten**, die Spaten
der **Spatz**, die Spatzen
der **Specht**, die Spechte
der **Spiegel**, die Spiegel
der **Spielplatz**, die Spielplätze
die **Spinne**, die Spinnen
der **Sportplatz**, die Sportplätze
der **Springbrunnen**, die Springbrunnen
das **Springseil**, die Springseile
die **Stachelbeere**, die Stachelbeeren
die **Stadt**, die Städte
der **Star**, die Stare
der **Staubsauger**, die Staubsauger
der **Stein**, die Steine
das **Sternbild**, die Sternbilder
das **Stiefmütterchen**,
    die Stiefmütterchen
der **Storch**, die Störche
der **Strand**, die Strände
die **Straße**, die Straßen
die **Straßenbahn**, die Straßenbahnen
das **Streichholz**, die Streichhölzer
der **Strohhalm**, die Strohhalme
der **Stuhl**, die Stühle
der **Supermarkt**, die Supermärkte

T

der **Tag**, die Tage
die **Tankstelle**, die Tankstellen
die **Tanne**, die Tannen
die **Tasche**, die Taschen
die **Taschenlampe**, die Taschenlampen
das **Taschenmesser**, die Taschenmesser
das **Taschentuch**, die Taschentücher
die **Tasse**, die Tassen
die **Taube**, die Tauben
der **Tausendfüßler**, die Tausendfüßler
das **Taxi**, die Taxis
der **Teddybär**, die Teddybären
die **Teekanne**, die Teekannen
das **Telefon**, die Telefone
der **Teller**, die Teller
der **Tennisball**, die Tennisbälle
der **Tennisschläger**, die Tennisschläger
der **Teppich**, die Teppiche
der **Tiger**, die Tiger
der **Tintenfisch**, die Tintenfische
der **Tisch**, die Tische
die **Toilette**, die Toiletten
die **Tomate**, die Tomaten
der **Topf**, die Töpfe
das **Tor**, die Tore
der **Traktor**, die Traktoren
die **Traube**, die Trauben
die **Treppe**, die Treppen
der **Trichter**, die Trichter
die **Trommel**, die Trommeln
die **Trompete**, die Trompeten
die **Tulpe**, die Tulpen
der **Tunnel**, die Tunnel
der **Turm**, die Türme

U

das **U-Boot**, die U-Boote
die **Uhr**, die Uhren
der **Uhu**, die Uhus
das **Ungeheuer**, die Ungeheuer
der **Urwald**, die Urwälder

V

die **Vase**, die Vasen
das **Vergissmeinnicht**
das **Verkehrsschild**, die Verkehrsschilder
das **Vogelhäuschen**, die Vogelhäuschen
die **Vogelscheuche**, die Vogelscheuchen
der **Vulkan**, die Vulkane

W

die **Waage**, die Waagen
der **Wal**, die Wale
der **Wald**, die Wälder
die **Wärmflasche**, die Wärmflaschen
die **Wäscheklammer**, die Wäscheklammern
der **Waschlappen**, die Waschlappen
der **Wecker**, die Wecker
der **Wegweiser**, die Wegweiser
das **Weihnachtsfest**, die Weihnachtsfeste
der **Wellensittich**, die Wellensittiche
das **Werkzeug**, die Werkzeuge
die **Wespe**, die Wespen
die **Wiese**, die Wiesen
das **Wildschwein**, die Wildschweine
die **Windmühle**, die Windmühlen
der **Winter**, die Winter
der **Wolf**, die Wölfe
die **Wolke**, die Wolken
die **Wolle**
der **Würfel**, die Würfel
die **Wurst**, die Würste

X

Y

Z

der **Zahn**, die Zähne
die **Zahnbürste**, die Zahnbürsten
die **Zange**, die Zangen
der **Zaun**, die Zäune
das **Zebra**, die Zebras
die **Zeitung**, die Zeitungen
das **Zelt**, die Zelte
die **Ziege**, die Ziegen
der **Zirkus**, die Zirkusse
die **Zitrone**, die Zitronen
der **Zoo**, die Zoos
der **Zwerg**, die Zwerge
die **Zwiebel**, die Zwiebeln
der **Zwilling**, die Zwillinge